Faire équipe ensemble

Apprenez comment aménager sa cage, faire connaissance et rendre son repas divertissant.

Soigné avec amour

Sachez comment vous occuper au mieux de votre compagnon, que faire en cas de maladie et comment réagir avec les petits.

Une personnalité séduisante

Avec son pelage feutré et doux, ses billes noires pleines de drôlerie, sa petite queue et sa silhouette arrondie, le hamster est un animal de compagnie qui séduit de nombreuses personnes, en particulier les enfants.

La décision d'adopter un de ces petits rongeurs est généralement rapide. Comparé aux animaux de compagnie de grande taille, le hamster, comme beaucoup d'autres rongeurs, présente de nombreux avantages.

Idéal pour les débutants, son prix est raisonnable, sa cage prend peu de place et les frais d'alimentation restent modestes. De plus, il n'a pas besoin d'être promené.

En élevant un hamster, les enfants apprennent à prendre soin d'un être vivant et à s'occuper avec amour de leur compagnon.

Satisfaire les besoins fondamentaux de votre rongeur alerte, c'est observer, chez vous, un petit bout de nature.

Une personnalité

Les hamsters sont des créatures vives et alertes. Quand ils ne prennent pas un repos mérité après leurs nombreuses activités, ils s'affairent à creuser, entreposent leurs réserves, font à toute vitesse le tour de leur petit domaine ou ramassent du foin et des feuilles pour s'aménager un nid douillet.

Fouir est l'activité préférée de nos petits rongeurs, capables de creuser des galeries profondes avec leurs petites pattes.

Tout savoir sur les hamsters

L’origine des hamsters

Les hamsters ont de nombreux cousins : avec 3 000 espèces environ, les rongeurs sont l’ordre de mammifères le plus vaste et sont présents dans le monde entier. Au sommet de l’échelle de la popularité se tient le hamster doré ; les hamsters nains, quant à eux, sont arrivés plus récemment dans nos foyers.

Le hamster doré (ou hamster de Syrie) a été décrit pour la première fois en 1839 par le naturaliste Waterhouse, qui l’a nommé *Mesocricetus auratus*. Il a fallu attendre 1930 pour que le professeur Aharoni, un zoologue de Jérusalem, capture les premiers hamsters vivants dans les environs d’Alep, en Syrie. Il s’agissait d’une femelle et de ses onze petits, trouvés dans un terrier. Quatre ont survécu et, très vite, se sont reproduits. Tous les hamsters dorés vivant en captivité descendent de ces quatre frères et sœurs.

Tous les hamsters dorés domestiques descendent de quatre individus.

La domestication du hamster

La domestication du hamster de Syrie s’est déroulée en quelques décennies.

- **Le hamster de Syrie** est arrivé aux États-Unis en 1938, à partir de la Grande-Bretagne. Après la Seconde Guerre mondiale, il a été réintroduit en Europe comme animal de laboratoire. Il est devenu peu après un animal de compagnie populaire. Les hamsters domestiques sont restés viables et alertes.
- **La domestication des hamsters nains** n’est pas connue en détail, mais les individus à la base de leur élevage étaient sûrement plus nombreux. Issus de différentes espèces originaires des steppes de Sibérie, de Chine et de Mongolie, les hamsters nains étaient souvent aussi utilisés dans les laboratoires.

Les cousins des hamsters

Tous les hamsters appartiennent à l'ordre des Myomorphes (souris et apparentés) et à la famille des Cricétidés. On les divise en hamsters grands, moyens et nains.

▸ **Le Grand Hamster** (*Cricetus cricetus*) est le plus connu des hamsters, il est répandu en Europe et en Asie. Malgré ses facultés d'adaptation, le plus coloré des mammifères européens est menacé d'extinction dans de nombreuses régions d'Europe occidentale. Il est protégé dans plusieurs pays, mais son habitat est menacé, comme en Alsace.

Il y aurait entre sept et huit millions de hamsters dorés dans le monde.

À SAVOIR

Le grand hamster

C'est le seul hamster sauvage de France, qui vit principalement en Alsace.
Bien que ce hamster soit protégé, son habitat alsacien est malheureusement détruit par les activités humaines.
Ce petit mammifère a donc de gros soucis.

▸ **Outre le hamster de Syrie**, on connaît trois autres espèces de hamsters moyens en Asie Mineure, en Bulgarie et en Roumanie. Mais on ne sait presque rien d'eux, en dehors de quelques données sur leur répartition et leur biologie.

▸ **On peut en dire autant** de certaines espèces de hamsters nains. Une espèce du genre *Cricetulus*, dont fait partie le hamster de Chine, est répandue jusqu'en Europe. Le hamster arménien (ou migrateur, *Cricetulus migratorius*) semble en cours d'expansion et a déjà été observé dans le sud du Péloponnèse, en provenance de Roumanie. Dans la même sous-famille des Cricétidés ou hamsters vrais, on trouve aussi des rats-taupes, le hamster sud-africain et les rongeurs du genre *Calomys* du Nouveau Monde.

Des facultés fascinantes

Les hamsters sont des animaux crépusculaires et nocturnes dont les sens sont adaptés à leur mode de vie et à leur environnement.

Les sens

Il est plus facile de comprendre ses hamsters quand on sait comment fonctionnent leurs sens.

▸ **La vue** des hamsters n'est pas aussi performante que la nôtre. Mais leurs grands yeux sont efficaces à partir du crépuscule et distinguent bien les mouvements et les contours, même dans une faible clarté. Leur position latérale leur assure un large champ de vision, mais au détriment de la vision en relief, importante pour juger les hauteurs.

▸ **L'ouïe** des hamsters est bien meilleure que la nôtre. Les oreilles mobiles « capturent » les sons et perçoivent même des ultrasons inaudibles pour nous. Les hamsters utilisent aussi ces fréquences pour communiquer avec leurs congénères et leurs petits.

▸ **L'odorat** joue un grand rôle dans la vie du hamster. Le petit nez remuant « localise » les odeurs. Les signaux odorants jouent un grand rôle dans la communication entre congénères. Ils servent à vérifier si un hamster appartient ou non au groupe familial (page 16) ou à signaler que la femelle est en chaleur. Les hamsters marquent leur territoire au moyen de substances odorantes sécrétées dans leur urine par leurs glandes ventrales ou latérales, selon l'espèce. Tous les jours, les hamsters font le tour de leur territoire pour savoir si des intrus se sont risqués chez eux. Ils reconnaissent aussi les humains à leur odeur ; quand celle-ci est masquée par un parfum fort ou par l'odeur du tabac, cela peut les perturber énormément.

▸ **Le toucher** implique particulièrement les vibrisses très sensibles du museau. Elles permettent au hamster de se diriger dans l'obscurité totale, grâce aux nombreuses connexions nerveuses à leur racine. En combinant le toucher et leur excellent odorat, ils peuvent atteindre rapidement et sûrement leur destination dans l'obscurité complète.

Ce hamster surveille attentivement les alentours.

Anatomie

Le corps du hamster est également adapté à son environnement :

▸ **Les abajoues** sont incroyablement extensibles pour transporter la nourriture et

Les hamsters sont des acrobates agiles qui aiment le mouvement.

les matériaux du nid jusque dans le terrier.

▸ **Les pattes avant** ont quatre doigts et un pouce rudimentaire, les pattes arrière ont cinq orteils.

Les coussinets étant bien rembourrés, les grandes distances ne posent donc pas de problème.

▸ **Les incisives** grandissent en permanence. C'est ainsi qu'elles conservent leur forme pour faire le travail : ronger. Il est donc important que leur hamster puisse ronger, car le manque d'usure entraîne divers problèmes. Les molaires sont moins sollicitées et ne grandissent pas continuellement.

À SAVOIR

Les abajoues

Les réserves sont rapidement enfournées dans les abajoues des hamsters et transportées jusqu'au terrier, où elles seront stockées pour l'hiver.

Autrefois, en période de famine, les humains déterraient les réserves des hamsters pour prendre les céréales qu'elles contenaient. Ce goût pour les céréales faisait passer les hamsters pour des ravageurs et des « concurrents » auprès des paysans.

Comme un hamster

Il est toujours étonnant de constater qu'une forte personnalité se cache chez un animal aussi petit. Certains hamsters deviennent très familiers, d'autres préfèrent rester seuls. Mais aucun hamster n'aime être attrapé ou même promené trop souvent. Le hamster offre à son propriétaire l'occasion d'observer son comportement varié. Certains hamsters se lèvent si tôt qu'on peut les observer, tandis que d'autres ne laissent que des témoignages de leur activité nocturne. Mais c'est justement ce qui rend si passionnant l'élevage des hamsters : aucun animal ne ressemble à un autre et chacun a des particularités qui le rend attachant.

Comportement typique du hamster

Dans une grande cage, les hamsters peuvent exprimer presque tout le registre comportemental de leurs parents sauvages.

- **Accumuler des réserves** pour la mauvaise saison (page 11).
- **Creuser.** Avec leurs pattes antérieures, ils creusent des terriers souterrains, où ils passeront l'hiver au chaud et en sécurité. Même en captivité, les hamsters doivent pouvoir satisfaire ce besoin (page 28), qui est leur activité préférée.
- **Ronger** est un de leurs comportements typiques – les hamsters ne sont-ils pas des rongeurs ? S'ils ne rongent pas assez, leurs incisives ne s'usent pas suffisamment.
- **Les hamsters tiennent adroitement** dans leurs pattes avant les aliments et autres objets à ronger. Les soins du pelage et la construction du nid nécessitent aussi le travail de leurs petites pattes.
- **Ce sont aussi d'habiles « bâtisseurs »,** et certains spécialistes se ménagent des nids artistiquement confectionnés. Ceux-ci sont tapissés avec du foin, de la paille, des herbes, des feuilles et du papier préalablement réduit en petits morceaux.

Langage corporel
Oreilles contre le crâne, yeux à demi fermés et mouvements lents : il vient de se réveiller et il est encore ensommeillé. Prière de ne pas déranger !
Il se dresse sur les pattes arrière, dresse les oreilles et regarde autour de lui : il surveille les alentours.
Les oreilles en arrière trahissent un sentiment d'insécurité : bougez lentement et parlez-lui doucement.
Effrayé, il s'enfuit promptement. Ne bougez plus et parlez-lui doucement.
S'il court en se plaquant contre le sol, c'est qu'il essaie de se rendre invisible : ne bougez plus.
S'il se grossit et se redresse énergiquement sur les pattes arrière, il cherche à impressionner ou à menacer : ne l'excitez pas et retirez-vous.

Le hamster maintient adroitement la tige en s'aidant des pattes antérieures.

À SAVOIR

Langage

Les hamsters sont peu « bavards » : dans la nature, faire du bruit n'est jamais gratuit.
Les cris de menace et de colère sont les plus fréquents. Reculez-vous quand votre hamster gronde, grince des dents ou même feule.
La peur s'exprime par des cris aigus (souvent au cours des combats).
Les jeunes hamsters pépient pour appeler leur mère.

▸ **Pour marquer leur territoire,** les hamsters déposent des substances odorantes (page 10).
Ils semblent alors se frotter aux objets.

▸ **Courir** entretient la santé ; même les hamsters vivant dans la nature parcourent de grandes distances pour faire le tour de leur territoire et trouver leur nourriture. Plus la cage est grande, plus votre hamster pourra se défouler (page 26).

▸ **Grimper** n'est pas le fort de tous les hamsters. Les jeunes hamsters et les hamsters nains s'y adonnent parfois avec zèle, et même certains hamsters dorés, plus grands, nous surprennent par leurs talents de grimpeurs.
Le hamster de Chine est un grimpeur doué (page 17), son corps y est le mieux adapté.

La diversité des hamsters

Outre le classique hamster doré, il existe de nombreuses colorations de pelage. Les hamsters nains sont également très mignons.

Depuis la « découverte » des premiers hamsters vivants, la sélection a porté sur des centaines de générations.
En raison de la très forte parenté des hamsters captifs, issus de seulement quatre individus, les mutations génétiques voient le jour bien plus vite que chez d'autres animaux. Il existe maintenant diverses formes colorées et diverses variétés de pelage.
La sélection de formes colorées peut être passionnante. Grâce à la rapide succession des générations, on obtient des résultats en peu de temps (voir page 56). Le pelage peut aussi varier beaucoup : poil court normal, poil long ou hamsters angora au pelage doux comme une peluche et nécessitant beaucoup de soins, hamsters satinés ou Rex au pelage bouclé. Les formes colorées et les variantes de poil peuvent être combinées entre elles.
Les hamsters nains étant plus récents, il existe encore peu de formes s'écartant des couleurs naturelles.
Les pages suivantes présentent quelques spécimens de la famille des hamsters.

Hamster de Syrie

Mesocricetus auratus

forme sauvage ou hamster doré

Le hamster de Syrie vit sur un plateau près de la ville d'Alep, pas plus grand que la Franche-Comté.

▸ Coloration initiale : Aucune autre couleur n'égale la coloration sauvage. Le dos doré, le ventre blanc et les joues sombres donnent à cet animal une robe éclatante. Malheureusement, cette coloration classique est en recul et beaucoup de hamsters vendus maintenant sont moins riches en contrastes.

▸ Solitaire : Les hamsters de Syrie doivent vivre seuls dans leur cage ; dans la nature, ils ne se fréquentent que pour la reproduction. En dehors de cette période, tout congénère est repoussé, même au prix de combats violents qui laissent parfois des blessures.

▸ Caractéristiques : Tous les hamsters de Syrie ont une queue courte ne dépassant pas 10 à 15 mm ; sans la queue, l'animal mesure 160 à 190 mm de long.

Hamster de Syrie

Mesocricetus auratus

forme tricolore

Les hamsters tricolores sont les variantes les plus récentes. Ils sont maintenant fréquents dans les animaleries et les petites annonces. Les couleurs sont réparties irrégulièrement.

▸ Panachés : Il existe des panachés de presque toutes les couleurs. Les taches blanches sont plus ou moins irrégulières, mais on est parvenu à obtenir des panachages symétriques. Souvent, on trouve des « hamsters pandas » – noirs avec des taches symétriques en forme de selle, rappelant celles des pandas.

▸ Hibernation : Dans la nature, les hamsters hibernent dans un terrier d'un mètre de profondeur environ. Leur température tombe à 4 °C et ils se réveillent tous les 4 à 6 jours pour manger, puis se rendorment. S'ils ont suffisamment de réserves, ils peuvent survire à de longs hivers.

▸ En captivité : Dans nos maisons, avec une température intérieure constante, les hamsters n'hibernent pas, sauf si la température est inférieure à 10 °C.

Hamster de Syrie

Mesocricetus auratus

forme à poil long

Ce hamster a le poil long aux reflets satinés. Les poils sont creux et reflètent la lumière d'une manière particulière, leur conférant ces beaux reflets.

▸ Variantes : Les hamsters à poil long sont appelés teddy ou angora. Il arrive qu'ils ne parviennent plus à entretenir suffisamment leur pelage et doivent être aidés (page 47). Les hybrides ont parfois le poil long sur quelques parties du corps seulement. Les hamsters satin, qui peuvent avoir le poil court ou le poil long, passent pour plus sensibles aux maladies.

▸ Phases d'activité : Les hamsters de Syrie sont des animaux crépusculaires et nocturnes. Pendant la phase d'éveil, ils consacrent 3 heures à la quête de nourriture. Ils recherchent des grains ainsi que de la verdure et des insectes, qui leur garantissent une alimentation équilibrée.

▸ Caractéristiques : Le hamster de Syrie pèse entre 80 et 160 g. Il est sexuellement mûr à partir du 28e jour ; la gestation dure 16 jours et la portée comprend entre cinq et dix petits.

Hamster nain de Russie

Phodopus sungorus

Le hamster de Russie est de loin le hamster nain le plus élevé en Europe, mais il provient du sud-ouest de la Sibérie et du Kazakhstan oriental.

▸ Mode de vie : Ils vivent généralement en couple ou en solitaire, mais ils se rassemblent parfois pour passer les hivers froids. Les élever en groupe peut poser des problèmes. Leur nourriture se compose de petites graines, de verdure et d'insectes. Les hamsters de Russie s'activent souvent aussi le jour. Généralement, ils se familiarisent rapidement aux humains.

▸ Aspect : Le crâne et le dos sont gris-brun avec une ligne dorsale noire, le dessous est blanc. Certains individus sont plus clairs, d'autres deviennent blancs en hiver ou acquièrent des taches blanches. La queue est très courte. Il existe une variante claire : 'Perle', et une variante gris-bleu : 'Saphir'.

▸ Caractéristiques : Le corps mesure 80 à 100 mm et pèse entre 35 et 45 g. La maturité sexuelle est atteinte vers 28 jours, la gestation dure 21 jours et la portée comprend deux à dix petits.

Hamster nain de Campbell

Phodopus campbelli

Les hamsters de Campbell vivent dans les steppes et les semi-déserts dans certaines régions de Chine et de Mongolie, le plus souvent en couples, mais aussi solitaires ou en groupes.

▸ Mode de vie : L'alimentation est composée de petites graines, de verdure et d'insectes. Les campbells deviennent vite familiers. Même s'ils ne sont pas solitaires en liberté, l'élevage de groupe peut poser des problèmes, car ils quittent le groupe lorsque des disputes sérieuses ont lieu.

▸ Aspect : Ils ressemblent beaucoup aux hamsters de Russie, mais ils ont en plus une petite barbe blanche autour du museau. Le dessus du corps est brun jaune avec une rayure dorsale brune, la couleur du dos étant nettement séparée de celle du ventre. Il existe de nombreuses variantes, comme les panachés ou les hamsters aux yeux rouges.

▸ Caractéristiques : Le corps mesure 80 à 85 mm de long pour un poids de 35 à 50 g. La maturité sexuelle est atteinte vers 28 jours, la gestation dure environ 21 jours et la portée compte un à six petits.

Hamster nain de Roborowski

Phodopus roborovskii

Les « robos » vivent dans les déserts et semi-déserts de Mongolie et des régions avoisinantes de la Chine et du Kazakhstan. Ce sont les plus petits des hamsters.

▸ Mode de vie : Ils préfèrent les habitats sablonneux et vivent en couple. L'alimentation se compose de petites graines, de verdure et d'insectes. La recherche de nourriture est souvent fastidieuse et se déroule dans un grand rayon. Ces hamsters sont crépusculaires et nocturnes. Très vifs, ils ne deviennent pas aussi familiers que les autres hamsters.

▸ Aspect : Leurs soles plantaires poilues constituent leur principal signe distinctif. Le dessus du corps est brun clair, tandis que le ventre, les jolies pattes et la courte queue sont blancs. Il existe aussi des mutations colorées plus claires.

▸ Caractéristiques : Le corps a une longueur de 70 à 90 mm et pèse entre 25 et 35 g. Ils sont sexuellement mûrs vers 35 jours, la gestation dure environ 21 jours et la portée comprend un à sept petits.

Hamster nain de Chine

Cricetulus griseus

Le hamster de Chine vit dans les semi-déserts et les steppes de Chine et de Mongolie. Ce hamster n'hiberne pas.

▸ Mode de vie : Le hamster de Chine grimpe bien et le fait volontiers. En cage, il a besoin de nombreuses opportunités pour s'y exercer. Solitaire, il a besoin de vivre seul. Il creuse un simple tunnel et se nourrit de petites graines, de verdure et de petits insectes.

▸ Aspect : À la différence des autres hamsters nains du genre Phodopus, il possède une queue de 20 à 25 mm de long et ressemble plutôt à une souris. Le dessus du corps est brun gris, le dessous et les pattes sont blancs. Il n'existe pas encore de mutations colorées.

▸ Caractéristiques : Il mesure 100 à 120 mm de long et pèse de 30 à 45 g. Il est sexuellement mûr vers 28 jours, la gestation dure 21 jours environ et la portée compte deux à douze petits.

Sommes-nous faits l'un pour l'autre ?

Prendre en charge un animal est toujours une responsabilité. Même petit et doté d'une courte espérance de vie, l'adoption d'un animal mérite donc réflexion.

Simple comme un cadeau ?

Bien des enfants – et des adultes aussi – désirent s'occuper d'un animal. Mais satisfaire ce désir en faisant la surprise d'un cadeau est une erreur à éviter. Il est préférable de commencer par un livre sur le sujet accompagné d'un bon d'achat pour l'animal et les accessoires. Le soigneur en herbe pourra ainsi s'informer pleinement et vérifier que l'animal est bien celui qui lui convient. Si c'est le cas, il pourra aller chercher lui-même son nouveau compagnon.

Les questions à se poser

L'achat d'un animal de compagnie mérite une réflexion approfondie. Les hamsters à la vie brève ont certes peu d'exigences, mais ils ont tout de même des besoins à satisfaire. Vous devez répondre « oui » à toutes les questions qui suivent :

- **Période d'éveil :** À quelques exceptions près, les hamsters s'activent le soir et la nuit. Êtes-vous prêt à respecter ce rythme ? Les dérangements dans la journée stressent les animaux et réduisent leur espérance de vie.
- **Espace :** Avez-vous assez de place pour une grande cage ? (page 26)
- **Propreté :** Les hamsters peuvent faire des saletés ou laisser des traces de dents. Le supporterez-vous ?
- **Famille :** Les autres membres de la famille sont-ils d'accord ?
- **Santé :** Quelqu'un dans la famille est-il allergique à la poussière ou aux poils d'animaux ?

Les hamsters endormis ont besoin d'un peu de temps avant d'être complètement réveillés. Mais déjà la cage s'anime.

- **Vacances :** Quelqu'un pourra-t-il s'occuper correctement de votre hamster pendant les vacances ?
- **Tolérance :** Beaucoup de hamsters se laissent prendre dans la main. Mais certains peuvent mordre par erreur ou de peur. Pourrez-vous ne pas lui en tenir rigueur ?
- **Acceptation :** Les hamsters ne sont pas des animaux câlins. Pouvez-vous vous contenter d'un animal que vous ne pourrez pas cajoler ?
- **Coûts :** Êtes-vous prêt à payer des frais vétérinaires qui dépasseront largement le prix de l'animal ?

Les enfants peuvent préparer un habitat formidable pour leur hamster.

À SAVOIR

Hamster et travail

Beaucoup de personnes qui travaillent souhaiteraient avoir un animal de compagnie, mais y renoncent pour ne pas le laisser seul à la maison. **Les hamsters sont une solution formidable :** ils dorment pendant la journée et s'activent le soir, quand vous avez du temps à leur consacrer. **On peut alors observer leurs activités** et oublier un peu les problèmes et les contrariétés de la journée.

Un hamster pour les enfants ?

Les hamsters ne conviennent pas aux jeunes enfants : ils sont agiles et « cassables » dans des petites mains – et ils n'aiment pas les câlins. En revanche, des enfants plus grands et réfléchis peuvent très bien s'occuper d'un hamster avec l'aide de leurs parents. Ils en apprendront beaucoup sur le comportement animal et pourront aider à aménager la cage. Pensez aussi que les hamsters ont une espérance de vie courte, ce qui causera du chagrin aux enfants.

Choisir son hamster

Si vous êtes décidé à adopter un hamster, il reste encore quelques points à éclaircir.

Quel hamster ?

Tous les hamsters sont agréables à observer, mais il existe de grandes différences entre eux. Les hamsters nains sont particulièrement agiles. Les petits robos sont si remuants que c'est à peine si on peut les tenir – les enfants n'y parviennent pas. La plupart des hamsters nains ont une espérance de vie réduite de 1 an et demi, exceptionnellement 3 ans.

Le hamster de Syrie et le hamster de Chine vivent 3 ans, 4 au maximum. Pour un enfant, se séparer de son compagnon familier est une épreuve. Les hamsters de couleur sauvage passent pour les plus robustes. Si vous souhaitez vous lancer dans l'aventure avec vos enfants, offrez-leur plutôt un hamster doré ou russe. Bien soignés, les deux deviennent vite familiers et les hamsters de Russie sont parfois actifs le jour, pour la plus grande joie des enfants.

Un hamster ou plusieurs ?

En tant que créature sociale, il est difficile pour un être humain de s'imaginer qu'un animal peut se plaire seul.

- **Élever un hamster seul** n'est pas de la maltraitance. Au contraire, élever ensemble des animaux qui ne se supportent pas est une source de stress et de souffrance. Dans la nature, le hamster de Syrie et le hamster de Chine vivent seuls et c'est ainsi qu'ils doivent vivre dans leur cage.
- **Un élevage collectif** est néanmoins envisageable pour les hamsters russes, les robos et les campbells, de préférence en couple (mais ils risquent de se reproduire, voir page 56). Même ainsi, il arrive que les animaux ne se supportent pas. Comme ils ne peuvent pas prendre leurs distances, du stress, voire des blessures sont à craindre. Il ne reste alors plus qu'à les élever séparément. Il est souvent préférable d'élever seuls les hamsters nains.

Quel sexe ?

La question se pose surtout si on possède plusieurs hamsters et qu'on ne souhaite pas avoir de petits. Chez le hamster de Syrie

Aide à la décision

Le hamster nain a besoin d'autant d'espace que le hamster doré, car il est aussi très actif.

Si vous êtes déterminé à élever vos hamsters nains en groupe, ayez sous la main des cages supplémentaires et tenez-vous prêt à séparer vos animaux en cas de chamailleries.

Si on veille à la propreté de la cage, les hamsters ne sentent pas mauvais et conviennent même aux nez sensibles.

Les jeunes hamsters se supportent encore bien, mais, devenus adultes, ils peuvent se disputer continuellement et subir beaucoup de stress.

et le hamster de Chine, les femelles sont souvent agressives, même si, ces dernières années, on est parvenu à sélectionner des animaux plus doux et que les deux sexes se familiarisent si on s'en occupe bien.

▸ **Le sexage :** Chez le hamster de Syrie et le hamster de Chine, les testicules du mâle sont repérables dès la quatrième semaine sous la forme d'une paire de renflements à la base de la queue. Chez la femelle, la distance entre l'orifice sexuel et l'anus est nettement plus courte que chez le mâle. Chez les robos et les hamsters russes, la détermination est plus difficile, car les testicules ne sont généralement pas visibles. Seule la distance entre les orifices peut vous aider. En outre, cette zone est glabre chez la femelle ; les mâles y ont une glande ventrale plus active et la zone génitale paraît plus humide.

À SAVOIR

Quel âge ?

Les hamsters vivant peu longtemps, il vaut mieux en acquérir des jeunes. **Contrairement** à l'opinion courante, les hamsters adultes peuvent encore s'apprivoiser. **Un des plus jolis** hamsters dorés que j'aie jamais eus était adulte quand je l'ai acheté. Il s'est avéré apprivoisé dès le premier jour. Cela montre bien qu'on ne peut préjuger de rien.

Savoir choisir son hamster

Prenez le temps de choisir votre nouveau colocataire, car vous passerez quelques années ensemble. Faites cela à la fin de l'après-midi ou le soir, quand les animaux ont le plus de chance d'être éveillés.

Les hamsters dorés et les hamsters russes font partie de l'assortiment standard de la plupart des animaleries. Les autres hamsters nains ainsi que les colorations particulières sont plus rares, il faudra donc vous tourner vers un éleveur. Une autre solution consiste à parcourir les petites annonces dans les revues spécialisées, ou encore à interroger des propriétaires de hamsters qui aimeraient peut-être trouver preneur pour leur dernière portée. Refusez toujours qu'on vous envoie les animaux par la poste. Dans les refuges pour animaux, on trouve aussi des hamsters de couleurs, de pelages et d'âges variés. Vérifiez que les sexes sont séparés et assurez-vous qu'on vous reprendra des petits qui naîtraient peu après.

1 ◂ **Logement**
Après leur réveil, les hamsters ne doivent ni être apathiques ni courir dans tous les sens. Ces symptômes ne sont pas propres à la maladie, mais apparaissent aussi dans des cages trop peuplées et mal tenues. N'achetez pas les animaux par compassion, car les hamsters soumis à ce genre de stress tombent facilement malades. Une exception : les hamsters de Roborowski commencent toujours par courir « nerveusement » quand on les dérange.

▸ **Santé**

2

Faites le bilan de santé de votre nouveau compagnon. Le pelage doit être luisant, sans zone pelée. On ne peut pratiquement rien contre la chute des poils (causée par des parasites) ! Les petites cicatrices sur la queue ou le rebord des oreilles sont des traces de combats ou de morsures, rarement de maladies dangereuses. Les yeux doivent être clairs et sans croûtes, le nez ne doit pas couler ni avoir de croûtes. La diarrhée peut être mortelle.

3

◂ **Un regard critique**

Acheter un animal par compassion profite plus au vendeur qu'à l'animal. Si vous « sauvez » un animal mal soigné, un autre prendra sa place. N'achetez que si vous êtes sûr que les animaux sont bien soignés. Une exception : les hamsters avec des cicatrices guéries, la queue ou un membre amputé, vendus à prix cassé ou même donnés. Malgré leur handicap, ces hamsters « avec défaut » peuvent vivre longtemps.

Faire équipe ensemble

Logement pour petit explorateur

Nos petits rongeurs sont des animaux très actifs et entreprenants. La cage est l'endroit où ils passeront le plus clair de leur temps. L'ami des hamsters mettra un point d'honneur à leur proposer un lieu de vie spacieux et varié où ils pourront mener une vie stimulante.

De la place pour vivre

Une cage n'est jamais trop grande. Quel que soitle type de cage, elle doit mesurer au minimum 100 cm de long et 40 cm de large, même pour les hamsters nains. Il existe différents modèles appropriés.

Cage à barreaux

Les meilleures et les plus courantes sont les cages avec bac à litière en plastique. Mais beaucoup de cages en vente sont trop petites ou ont des barreaux trop espacés.

- **La distance entre les barreaux** ne doit pas dépasser 10 mm pour le hamster doré et 5-6 mm pour le hamster nain.
- **Les étages** éventuels ne doivent pas comporter de barreaux, ils doivent être en plastique ou, encore mieux, en bois.
- **Les barreaux** de la cage doivent impérativement être horizontaux, afin que les hamsters puissent grimper. Les cages à oiseaux sont déconseillées !
- **Au lieu d'une grande cage**, on peut assembler deux ou trois petites cages.

Où placer la cage ?
Dans votre chambre, le hamster risque de vous déranger pendant la nuit. Dans la cuisine, dans une pièce enfumée ou dans un couloir exposé aux courants d'air, sa santé est menacée.
La cage doit être située légèrement en hauteur, car les hamsters réagissent vivement aux « dangers » venant d'en haut.
Près d'un poste de radio ou d'un téléviseur, les sons sont trop forts pour ces animaux sensibles au bruit.
Éviter la surchauffe, par exemple en plein soleil ou près d'un appareil de chauffage.
Courants d'air, humidité élevée et fortes variations de température peuvent provoquer des maladies.

... ou en verre

Pour les petits robos, le verre est préférable aux barreaux. On peut utiliser un récipient en verre, un aquarium ou un terrarium avec des portes vitrées coulissantes et des trous d'aération.

Ce paradis pour hamster offre un espace suffisant à son occupant. Les barreaux doivent être impérativement horizontaux.

▸ **Les terrariums,** qui s'ouvrent par le haut, doivent être plus larges que hauts. Dans un récipient profond et étroit,la condensation de l'eau sur les vitres favorise les bactéries, car l'air circule mal à l'intérieur du bassin.

▸ **On couvre l'aquarium** avec un treillis grillagé tendu sur un cadre en bois.

▸ **Pour les terrariums**, vérifiez que la grille d'aération et les rails des vitres soient d'un matériau résistant aux petites dents.

Construire la cage soi-même

Avec un peu d'habileté, on peut construire la cage soi-même. On visse ensemble des panneaux de bois traités avec un produit non toxique, d'une épaisseur de 12-15 mm.
À l'avant, un panneau vitré offre une vue dégagée, et un couvercle grillagé prévient les tentatives d'évasion.

À SAVOIR

Sûr et pratique

Les matériaux faciles à nettoyer garantissent la propreté de la cage.
Les décorations sont souvent des sources de danger et compliquent le nettoyage.
De grandes portes à l'épreuve des évasions, plusieurs de préférence, facilitent l'aménagement et le nettoyage de la cage.

Les accessoires

Pour que le paradis du hamster soit complet, il ne manque plus que les accessoires. Préférez-les en matériaux naturels, tels que le bois ou le liège non traités. Le plastique est souvent rongé et même ingéré, avec des conséquences potentiellement graves.

Les bains de sable aident le hamster à entretenir son pelage.

Aménagement de base

Les objets suivants ne doivent pas manquer dans une cage à hamster. Ils vous permettront de façonner un environnement plein de variété.

▸ **La litière pour rongeurs** du commerce est ce qui convient le mieux, car elle contient peu de poussière, est absorbante et légère. La terre est fortement déconseillée car elle contient souvent des parasites ou des germes. La tourbe est à éviter pour des raisons écologiques. La terre et la tourbe humides sont pourtant commodes pour creuser des galeries, mais les hamsters aiment le sec et cela ne convient donc pas.

▸ **Pour l'abri,** l'idéal est une maisonnette à deux chambres et toit amovible. Vous pouvez ainsi vérifier le nid sans l'abîmer. Pour un hamster doré, la maisonnette doit mesurer 20 cm de long et 15 cm de haut, avec un trou d'entrée large de 7 cm. Pour les nains, 15 cm de long, 10 cm de haut et une ouverture de 5 cm suffisent. Un toit plat procure un étage supplémentaire au hamster.

▸ **Pour le nid,** la cellulose (papier hygiénique ou mouchoir en papier non parfumé) et le foin sont ce qu'il y a de mieux. Avec la ouate à hamster du commerce, les hamsters risquent de se prendre les griffes ou de se couper la circulation sanguine. Beaucoup de hamsters nains préfèrent creuser dans un coin de la litière et y établir leur nid, mais tout est question de préférence individuelle.

▸ **Une roue** est inutile dans une grande cage, mais les hamsters les adoptent volontiers. Une roue sécurisée doit remplir les critères suivants : un diamètre de 30 cm pour un hamster doré, de 27 cm pour un hamster de Chine, de 25 cm pour un Russe ou un Campbell et de 20 cm pour un robo. La face postérieure et la piste doivent être pleines (sans barreaux) et la face antérieure doit être dépourvue de rayons,

Maisonnette avec chambre et pièce à provisions.

qui peuvent cisailler les membres.

▸ **Utilisez de préférence des écuelles en céramique ou en pierre,** car les hamsters rongent les modèles en plastique.

▸ **Un biberon** fournira l'eau. Dans une cage en verre, fixez-le à l'aide d'une ventouse ou collez son support à l'aide de silicone ou de colle spéciale verre.

▸ **Pour leur toilette,** les hamsters aiment bien une écuelle en céramique posée dans un coin. Évitez la litière pour chat, nuisible en cas d'ingestion, et préférez de la litière pour rongeurs ou du sable à chinchillas.

À SAVOIR

Un bain de sable est indispensable !

Pour entretenir leur pelage, les hamsters ont besoin de se rouler dans le sable. Proposez-leur une coupelle en céramique remplie de sable à chinchillas, mais pas de sable à oiseaux ni de sable de construction. Leurs grains trop abrasifs endommagent le pelage et la peau des hamsters.

Il est amusant d'observer les hamsters se rouler à toute vitesse dans le sable en faisant voler celui-ci.

Parc d’aventures pour hamsters

Pour être correct, un logement pour hamster requiert davantage que les aménagements de base. Le petit animal entreprenant doit aussi pouvoir s’occuper et faire des découvertes dans son petit royaume.

Afin d’embellir la vie de votre hamster, ajoutez des étages dans la cage, qui en augmenteront la surface. En bois non traité, ils peuvent être fixés aux barreaux à l’aide de crochets. Les étages à barreaux doivent être bannis ou recouverts de planchettes en bois. Des rampes ou des passerelles faciliteront l’escalade pour atteindre les niveaux supérieurs. Les panneaux de liège sont parfaits pour cela, et les tubes de liège sont très appréciés. Tous les trous, dans lesquels l’animal pourra ramper, doivent mesurer 7 cm de diamètre pour le hamster doré et 5 cm pour les hamsters nains, car ils doivent pouvoir s’y faufiler les abajoues pleines sans se blesser.

1 ◂ **De l’herbe** procure des vitamines essentielles et peut être arrachée avec plaisir. Si vous avez un jardin, vous pouvez prélever un petit bout de pelouse – non traitée par des insecticides – et la mettre quelques heures à disposition de votre hamster. Il pourra y creuser à volonté et même y croquer un insecte ou un ver. Mais ni la terre ni l’herbe ne doivent être humides, ce qui est un point très important pour les hamsters à poils longs. À défaut, un pot planté d’herbe à chat ou du blé semé dans la tourbe d’animalerie peut convenir.

② ◂ **Un labyrinthe** plaît toujours aux hamsters. Construit en bois, il est souvent adopté comme domicile. Vous pouvez en construire un avec du carton propre et non imprimé ; le hamster pourra s'adonner à son « hobby », l'exploration des galeries. Plus tard, les cartons l'aideront à satisfaire son besoin de ronger et les morceaux seront souvent recyclés pour tapisser le nid.

▸ **Les racines et des branches** achetées au rayon aquariophilie ou récoltées par vos soins (les bois de saule, peuplier, bouleau, pommier et poirier conviennent bien) sont volontiers rongées, offrent des occasions de grimper et stimulent les sens, car elles sont odorantes. Pas de problème si les branches portent encore des feuilles, des bourgeons ou des fleurs, qui sentent bon et contiennent des vitamines et des minéraux importants.

③

④ ▴ **Les tunnels** de tous types sont très appréciés des hamsters. Ils procurent des cachettes, servent à stocker les provisions ou simplement à faire une petite sieste. Les tubes en terre cuite, comme ceux qu'on utilise pour stocker les bouteilles de vin, durent longtemps.

Faire connaissance

Tout est prêt et votre hamster peut enfin emménager chez vous. Pour le transport, utilisez de préférence une boîte à rongeur en plastique, pourvue de deux poignées. Si vous optez pour une boîte plus grande, vous disposerez d'un logement supplémentaire dans lequel loger votre compagnon pendant que vous nettoyez sa cage.

Le tube en carton : les hamsters craintifs aiment se faire porter ainsi.

Le transporter en toute sécurité

Tapissez la boîte de foin, de paille et de papier essuie-tout blanc, pour éviter que le hamster ne dérape ou ne se blesse. Si le trajet est court, inutile de le nourrir, le stress risquant de toute façon de lui couper l'appétit. Bien entendu, protégez la boîte et son occupant de la pluie, de la chaleur, du froid et du vent. Une boîte en carton est peu indiquée, car le hamster peut y pratiquer un trou s'évader en un clin d'œil.

Accoutumance

Le stress du transport et des bruits inconnus impressionnent la plupart des hamsters, qui commencent par se cacher. Mais bientôt, la curiosité est la plus forte et l'animal se met à explorer son nouveau logis.
Mais patience, laissez-lui le temps ! Accordez-lui quelques jours de calme. Même si la curiosité et la fierté sont compréhensibles, inutile que tous vos amis rendent visite à la nouvelle « star ».

▸ **Les tentatives d'apprivoisement** doivent avoir lieu pendant la phase d'activité du hamster, le soir et la nuit. Chez ces petits opportunistes, la confiance se gagne plus facilement par le ventre. Essayez d'attirer votre hamster hors de sa cachette à l'aide d'une friandise, graine de tournesol ou ver de farine. Tenez votre main immobile dans la cage et posez la friandise sur une écuelle plate. Le hamster se montrera vraisemblablement après un temps d'hésitation, mais il dégustera la friandise dans sa cachette. Il peut arriver que le hamster essaie de mordiller votre main. Ne la retirez pas brusquement – facile à dire –, sinon il perdra aussitôt confiance.

▸ **Après quelque temps,** il s'habituera à votre main « nourricière » et comprendra qu'il n'a rien à craindre de vous. Dès qu'il se laisse toucher, diminuez progressivement les dons de friandises ; vous pouvez dès lors essayer de le prendre sur la main.

Le petit animal évalue soigneusement ce qui se passe autour de lui.

▸ **Le hamster refuse parfois la main** si, par exemple, elle sent un nouveau savon ; il peut même vous mordre.

▸ **Chaque hamster est unique.** Vos tentatives réussiront plus rapidement avec un hamster calme, tandis qu'un individu craintif, nerveux ou encore un robo vous donnera plus de fil à retordre. Apprenez à connaître votre hamster.

À SAVOIR

Porter correctement son hamster

Si votre hamster est apprivoisé et se laisse prendre facilement, vous pouvez le laisser grimper de lui-même sur votre main. Placez l'autre main au-dessus de lui pour qu'il se sente en sécurité.

Une astuce pour vous aider à porter un hamster farouche : placez dans sa cage un rouleau en carton ou une tasse ; dès qu'il y est entré, posez l'autre main sur l'ouverture.

Trouver des amis à votre hamster

Une fois que votre hamster s'est habitué à vous et que la confiance s'est instaurée, les liens doivent être renforcés. Si d'autres animaux vivent dans la maison, la cohabitation doit suivre certaines règles.

Associer deux hamsters

Si vous souhaitez associer un hamster nain (à l'exception du hamster de Chine) à un hamster que vous possédez déjà, sachez que le succès n'est pas garanti et se produit même rarement ; vous devrez alors séparer les animaux.

▸ **Si vous vous y risquez** malgré tout, équipez-vous d'une grande cage divisée en deux ou de deux cages placées l'une contre l'autre. Placez ensuite un hamster dans chaque moitié complètement aménagée. Changez tous les jours les animaux de moitié de cage afin qu'ils s'habituent à l'odeur de l'autre.

▸ **Si les deux hamsters semblent** se tolérer, un face à face peut être tenté. Observez-les bien les jours suivants. En cas de dispute ou de combat, séparez-les impérativement. Protégez vos mains, par exemple avec des gants de cuir. Si vos essais restent infructueux après plusieurs tentatives, élevez chaque hamster dans une grande cage à lui.

Les autres animaux

▸ **Chien et chat** ne doivent pas « tourmenter » le hamster dans sa cage ni être présents pendant sa promenade.

▸ **Le partage de la cage** avec d'autres rongeurs ou des lapins est exclu. Les besoins des animaux sont trop différents, le stress serait trop fort.

Les vacances

Les périodes de congés sont souvent synonymes de stress et de moments désagréables pour les hamsters.

▸ **Si vous** souhaitez emporter votre hamster en vacances, assurez-vous qu'il y sera le bienvenu. Pour voyager à l'étranger, un certificat vétérinaire peut être nécessaire. Renseignez-vous auprès du consulat.

▸ **Pendant le trajet** en voiture, placez-le dans une boîte de transport

Petit manuel du hamster
Ne réveillez pas un hamster qui dort, c'est du stress pur.
Ne le saisissez pas directement ni par le dessus, il risque de croire à une attaque.
Avant de vous approcher, parlez-lui avec douceur afin qu'il ne soit pas surpris.
Reculez-vous s'il manifeste de la peur ou de l'agressivité (page 12). Attendez qu'il se calme et renouez le contact plus tard.
Avant de passer un moment avec lui, ne vous parfumez pas, cela l'incommoderait.

L'amitié entre hamsters nains n'est pas toujours durable.

rembourrée, abritée des courants d'air, de la chaleur, du froid et du soleil.

▸ **Si possible**, emportez sa cage habituelle ! Votre hamster ne doit pas se sentir moins bien qu'à la maison.

▸ **Il est de loin préférable** de le confier à un parent, un ami ou une pension pour animaux.

Les hamsters sont faciles à soigner et ne donnent pas trop de travail à leur « nounou ». Informez la personne de ses besoins, fournissez-lui un stock de nourriture suffisant et laissez-lui votre numéro de téléphone et celui du vétérinaire.

▸ **Si vous ne vous absentez que deux jours,** vous pouvez sans problème laisser votre hamster seul. Donnez-lui suffisamment de grain et d'aliments frais tels que des carottes et installez-lui un deuxième biberon d'eau.

À SAVOIR

Relâchage interdit !

Aucun authentique ami des animaux n'aurait l'idée de relâcher son hamster dans la nature. **Il n'aurait aucune chance de survie** et serait rapidement la proie des prédateurs. **La loi interdit** de relâcher dans la nature des animaux qui ne sont pas indigènes.

La nourriture de base

La plupart des hamsters vivent dans des semi-déserts et des steppes, où leur alimentation est peu abondante la plus grande partie de l'année.

Une nourriture saine

Le hamster s'adapte à cette situation en transportant des quantités considérables de nourriture dans ses grandes abajoues. La nourriture temporairement abondante est ainsi stockée pour le reste de l'année dans des chambres souterraines. Pour choisir les aliments de nos hamsters, pensons à leur vie dans la nature. Pour éviter les carences, proposons-leur une nourriture variée. Les graines couvrent leurs besoins en glucides et en fibres. Les fruits et les légumes leur procurent de l'eau et des vitamines. Enfin, les protéines animales sont les briques de construction de son organisme.

▸ **Les restes de nos repas sont néfastes,** car les hamsters ne supportent pas le sel, les épices et le gras. Le sucré est apprécié mais mauvais pour la santé. Contrairement à ce qu'on croit souvent, les animaux ne savent pas toujours ce qui est bon pour eux et mangent parfois des aliments contre-indiqués.

Les graines en épi sont non seulement délicieuses, mais elles occupent le hamster. Choisissez toujours des aliments bio.

Les graines

L'alimentation naturelle est en grande partie constituée de graines. Celles-ci contiennent surtout des glucides et sont pour cela conseillées comme aliment de base. Dans les animaleries, on trouve des aliments complets secs pour hamsters dorés et pour hamsters nains. Soyez attentif à leur qualité, ils ne doivent notamment pas contenir trop de graines oléagineuses, comme le tournesol, les noix, le chanvre, la nigelle et le sésame, ni d'ingrédients artificiels.

Mélanges « maison »

Outre des graines, les aliments complets doivent aussi contenir des légumes et des herbes déshydratées. Vous pouvez compléter les aliments du commerce comme suit :

▸ **Mélange pour hamster doré**

100 g d'aliment complet
50 g de mélange de graines "6 céréales"
30 g d'aliment pour perruches ondulées
40 g de graines de plantes herbacées
5 g de flocons d'avoine
40 g de légumes secs (en animalerie)
40 g de plantes herbacées séchées

À SAVOIR

La bonne quantité

La bonne quantité dépend de plusieurs facteurs, dont l'âge et la taille du hamster.
Au départ, donnez assez de graines et d'aliments frais pour qu'il en reste un petit peu le lendemain (regardez dans la chambre à provisions !). Ainsi, vous connaîtrez rapidement la quantité dont votre hamster a vraiment besoin. Avec une alimentation correcte et équilibrée, les hamsters ne prennent pratiquement jamais de poids.

Les fleurs de camomille sont un complément alimentaire sain.

▸ **Mélange pour hamster nain**

100 g d'aliment complet
50 g de mélange de graines "6 céréales"
70 g d'aliment pour perruches ondulées
50 g de graines de plantes herbacées
10 g de flocons d'avoine
40 g de légumes secs
40 g de plantes herbacées séchées

▸ **Les friandises** contiennent souvent du sucre, du miel ou de la mélasse et sont à éviter. Donnez-lui plutôt des graines de tournesol, une demi-noisette ou des vers de farine.

Aliments frais et autres

À côté des aliments secs, l'alimentation du hamster doit comprendre des aliments frais et des protéines animales.

Protéines animales

Une source supplémentaire de protéines est essentielle, car les hamsters ne sont pas des végétariens purs. Des études de terrain sur des hamsters de Roborowski ont montré que, à certaines périodes, ces rongeurs prennent jusqu'à 60-80 % de nourritures animales. En captivité, cette teneur élevée en protéines n'est pas nécessaire, mais cela démontre que beaucoup d'herbivores supposés mangent aussi de la viande. Croquettes pour chien, os à mâcher et os de bœuf procurent à la fois des protéines et une opportunité de ronger. Crème aigre, fromage blanc, yaourt ou fromage à pâte mi-dure sont appréciés et à conseiller en petites quantités. Les vers de farine et divers insectes pour animaux de terrarium sont à la fois des gourmandises et des sources de protéines. Les femelles gravides et allaitantes ont des besoins en protéines élevés, on peut aussi leur donner un peu de viande de bœuf hachée maigre et de jaune d'œuf dur. Attention, les insectes et les aliments périssables doivent être consommés immédiatement.

Du cru pour la santé

Pour un apport vitaminé optimal, vous avez le choix dans un large éventail de fruits et légumes, bio de préférence !

▸ **Légumes conseillés :** carotte, céleri, betterave rouge, courge, maïs, fenouil

À SAVOIR

Compléments vitaminés

Une alimentation équilibrée rend superflus les compléments de vitamines et de minéraux.

Un excès de vitamines n'est pas plus sain et peut même provoquer des maladies graves.

Les hamsters malades ainsi que les femelles gravides ou allaitantes ont des besoins plus élevés.

Votre vétérinaire vous dira si des compléments sont nécessaires, et lesquels.

Autres aliments
Renouvelez chaque jour l'eau fraîche dans un récipient propre, même si les animaux n'ont pas tout bu.
Donnez les graines de tournesol et les noix à la main, cela les rend « intéressantes ».
Récoltez vous-même les aliments frais pour votre hamster : pissenlit, souci, achillée, pâquerette, bourse-à-pasteur, plantain, persil et mouron des oiseaux.
Tous les deux jours, donnez des protéines animales sous forme de vers de farine ou de croquettes pour chien.
Attention à la qualité des aliments, qui doivent être frais !

Les branches de noisetiers sont une source de distraction saine ainsi qu'une friandise appréciée.

et courgette. On peut y ajouter de petites quantités d'endives, de salade iceberg et de mâche. En revanche, la laitue pommée est souvent polluée par des pesticides. Éviter les légumes donnant des ballonnements, comme l'oignon, le chou, le radis et le poireau. Lavez tous les légumes et la salade avec de l'eau tiède, puis laissez-les sécher avant de les donner.

▸ **Les fruits** sont à donner avec parcimonie : pomme, poire, banane et baies en petites quantités, telles que framboise, fraise ou raisin. Ne pas donner de fruits acides comme les agrumes et les kiwis, que les hamsters tolèrent mal.

Des extras importants

Les hamsters ont besoin de bon foin, qu'ils mangent volontiers et dont ils se servent pour tapisser leur nid.

▸ **Pour user leurs incisives** et s'alimenter, les hamsters doivent disposer en permanence de branches de bouleau, de noisetier et d'arbres fruitiers. Ces branches seront bien sûr récoltées loin des gaz d'échappements, des épandages de pesticides et des lieux pollués, puis lavées.

Garder la forme en s'amusant

Sous notre toit, les hamsters n'ont pas besoin de chercher leur nourriture, ce qui leur laisse beaucoup de temps pour « découvrir » leur environnement. En cage, il existe de nombreux moyens pour distraire un hamster. Sans cette stimulation, il peut tomber malade d'ennui.

Les friandises poussent les hamsters à réaliser des exploits.

Occupations pour hamster alerte

Les emballages en cartons et les branches satisfont le besoin de ronger et procurent de l'exercice au hamster. Les rouleaux en carton font de bonnes cachettes et peuvent être mis en pièces par les incisives du hamster.

- **Pour varier,** placez de temps à autre une friandise ou une partie du repas dans un **sachet en plastique propre et fermé,** sous un petit tas de foin ou dans une boule de papier. Le hamster doit « gagner lui-même son pain ».
- **Les repas du matin et du soir** stimulent aussi l'activité, par exemple en proposant une fois un aliment frais et une autre fois du grain.
- **Ne bourrez pas le nid** de matériau de rembourrage, mais éparpillez celui-ci dans la cage afin que le hamster le rassemble lui-même.
- **Balancelles et bascules** apportent de la variété, à condition de ne pas encombrer les parcours, car votre compagnon a besoin de se dégourdir les pattes.
- **Une grande caisse remplie de sable** satisfera son besoin de creuser. Vous pouvez aussi enfouir superficiellement les graines, cela l'incitera à creuser.
- **Toutes les deux semaines, remplacez une partie des accessoires** (sauf la maisonnette) ou changez-les de place. Cela éveillera sa curiosité et son instinct d'exploration. Inutile d'acheter chaque fois de nouveaux accessoires, ayez simplement en réserve quelques objets que vous pourrez proposer en alternance – une belle pierre est toujours intéressante. Mais cela ne doit concerner qu'une partie des objets, sous peine de provoquer un stress.
- **Éparpillez la nourriture** dans la cage pour forcer le hamster à la rechercher, comme sa nature l'y invite.

Les hamsters à poil long ne doivent pas creuser dans la terre humide.

Plaisir double

Bien que les hamsters soient solitaires, certains éprouvent beaucoup de plaisir à jouer avec un être humain. Cela ne signifie pas qu'il faut les câliner ou le promener en tous sens. Proposez-lui des missions et incitez-le à participer avec des friandises.

▸ **L'exercice le plus simple** consiste à tenir une pâquerette au-dessus de lui, l'obligeant à se dresser sur les pattes arrière pour l'attraper.

▸ **Les friandises** sont un bon moyen de l'attirer quelque part. En tenant une rondelle de carotte, par exemple, juste devant son museau, on lui fait surmonter toutes sortes d'obstacles.

▸ **Placez une graine** de tournesol entre vos doigts, il devra faire des efforts pour l'en « déterrer ».

À SAVOIR

→ Faire du neuf avec du vieux

La nourriture peut apporter beaucoup de variété. Un épi de millet est une fête pour nos hamsters, qui le « nettoient » promptement pour accéder aux graines désirées.

Les cacahuètes sont interdites. Des moisissures, invisibles de l'extérieur, peuvent infester la coque, risquant de rendre l'animal gravement malade.

Hamster en balade

Se promener en liberté ?

Quel propriétaire de hamster n'a jamais songé à laisser son compagnon se promener dans la maison pour qu'il entretienne sa forme ? Mais, à y regarder de plus près, cette soi-disant « liberté » présente souvent plus de dangers mortels que d'avantages. Bien sûr, une promenade peut être très stimulante et apporter du changement à l'animal. Mais, pour ces petits rongeurs, la probabilité d'un accident est trop forte. Afin que le plaisir espéré ne se transforme pas en stress pour l'animal comme pour son maître, ne laissez pas les hamsters nains en liberté dans la maison. Pour son espérance de vie, une grande cage aux aménagements variés vaut mieux que quelques heures quotidiennes de « liberté ».

▸ **En revanche,** si l'on pense devoir absolument leur offrir cette possibilité, on peut laisser les hamsters dorés se promener sous **surveillance constante** et avec toutes les précautions. D'innombrables dorés ont fait une chute en essayant de redescendre après avoir grimpé entre un mur et une armoire. Les hamsters aiment grimper, mais ils sont très malhabiles pour redescendre. Le plus souvent, ils se laissent simplement tomber, au risque d'une fracture fatale de la colonne vertébrale.

Dangers pour hamsters

Beaucoup de dangers guettent les hamsters dans nos maisons :

▸ **Ils aiment les fissures étroites** et peuvent s'y coincer ou tomber par terre, par exemple entre un mur et un meuble.

▸ **Les fils et surtout les prises électriques** doivent être hors de leur portée.

▸ **Les récipients remplis d'eau** (vases, seaux et

Règles de promenade
Surveillez toujours votre hamster en promenade afin de pouvoir intervenir rapidement en cas d'urgence.
Ne le posez pas aussitôt sur le sol, cela le stresse beaucoup. Placez la cage par terre et laissez-le décider lui-même de sortir.
Ne le laissez jamais se promener dans le jardin. En cas d'évasion, ses chances de survie sont nulles.
Ne le nourrissez jamais hors de la cage afin qu'il ne cache pas de provisions dans la pièce.
Si une promenade dans la maison est trop risquée, une solution consiste à isoler une surface de 2 ou 3 m^2 avec du grillage.
Aménagez ce terrain de jeu avec des racines, des tubes et autres objets (page 30). Le hamster pourra s'y amuser sans danger.

aquariums) doivent être couverts.

- **Éloignez les plantes dangereuses ou toxiques,** telles que poinsettias, cactus, dieffenbachias et lierre.
- **Attention aux textiles** (tapis, moquettes ou coussins), dont les hamsters se servent volontiers pour tapisser leurs nids.
- **Attention aux chats** et aux **chiens !** Il est rare que leur instinct de chasse soit inhibé au point de pouvoir les mettre sans problème en présence d'un hamster.
- **Faites attention où vous marchez** et où vous vous asseyez pendant la promenade de votre compagnon, vous risqueriez de le blesser.

Si votre hamster s'est échappé, n'oubliez pas de déposer dans un coin une échelle d'eau.

En cas d'évasion

Si votre hamster a disparu pendant sa promenade ou s'il s'est échappé de sa cage, commencez par chercher soigneusement dans quelle pièce il se cache. On le localise par exemple aux bruits de grattements. Des graines peuvent vous y aider : des aliments disparus ou mordillés vous indiquent la pièce où il se tient. S'il s'est échappé pendant la nuit, il passera la journée à dormir dans une cachette. Inspectez toutes les fentes et fissures, tous les meubles à coussins (surtout par en dessous). Si vos recherches sont infructueuses mais que vous savez dans quelle pièce il se trouve, placez sa maisonnette (sans les matériaux du nid) contre un mur. Avec un peu de chance, vous le retrouverez endormi à l'intérieur. Si cela ne marche pas, déposez dans la pièce un seau profond tapissé de foin et contenant de la nourriture, une friandise et un peu de matériau de son nid. Posez contre le bord du seau une planchette ou tout objet pouvant faire office d'échelle. Le hamster sentira la nourriture, grimpera et tombera à l'intérieur du seau.

Soigné avec amour

Le nettoyage

Plus la cage est grande et moins il faut d'efforts pour la tenir propre. Néanmoins, un certain nombre de gestes reste nécessaire pour empêcher les bactéries de s'installer dans le logement de votre hamster.

Entretien régulier

L'approvisionnement en graines et aliments frais vient au premier rang des gestes quotidiens indispensables. Vérifiez les coins et abris de la cage, le hamster aime y cacher de la nourriture.

▸ **S'il tient un stock** de provisions, vérifiez son état, car les hamsters ont l'habitude d'uriner dessus pour les marquer. Les graines humides moisissent facilement. Ne lui en donnez pas plus que sa ration quotidienne.

▸ **Enlevez chaque jour** les aliments pourrissants tombés dans la litière.

▸ **Nettoyez chaque jour** les écuelles et les biberons.

▸ **Tous les deux jours,** ôtez la litière humide dans les coins toilettes.

▸ **Une fois par semaine,** un nettoyage partiel de la cage est nécessaire si celle-ci est très sale. Ne nettoyez qu'une moitié de cage.

▸ **Une fois par mois environ,** procédez au nettoyage complet de la cage – renouvelez toute la litière et si besoin les matériaux du nid, lavez le bac à litière, les barreaux ou les vitres à l'eau tiède, éventuellement avec du vinaigre.

La brosse n'est pas une solution, raccourcissez plutôt son pelage.

▸ Pendant le nettoyage, mettez votre hamster dans la boîte de transport ou dans son enclos de promenade (page 42).

▸ Une fois par semaine, remplacez les branches pour lui procurer de quoi ronger.

▸ Si vous nettoyez les accessoires, assurez-vous qu'ils sont bien secs avant de les replacer dans la cage, sinon les germes y trouveraient un terrain idéal.

▸ N'utilisez pas de produits nettoyants, qui irritent le nez sensible du hamster. Les aérosols et les litières parfumés sont également interdits.

Lavage des mains « façon hamster » : les petites pattes sont nettoyées à fond.

À SAVOIR

Un événement irritant

Pour le hamster, trouver une odeur nouvelle en retournant dans sa cage est une expérience irritante. **Ne nettoyez pas la cage** trop souvent, cela le stresse et il essaierait de couvrir l'odeur par des marquages urinaires redoublés.

Soigner l'animal

Les hamsters sont des animaux très propres qui se nettoient avec ardeur. Il est plaisant de les observer se passant rapidement les pattes par-dessus la tête.

▸ Les hamsters à poil long sont souvent dépassés par l'entretien de leur pelage. Les poils risquent de s'emmêler ou de se salir, favorisant les maladies. Aidez-le en les brossant avec une brosse à poils mous. Mais cela a peu de chances de lui plaire. Il vaut mieux couper les poils à une longueur convenable à l'aide de ciseaux à bouts ronds.

▸ Ne baignez jamais votre hamster. En cas de nécessité, lavez son pelage avec un chiffon humide.

Veiller à la santé de votre hamster

Un hamster correctement élevé tombe très rarement malade. Beaucoup de maux sont dus à une mauvaise alimentation, un manque d'hygiène de la cage, au stress, etc. Évitez le plus possible toute nuisance importante, comme un mauvais emplacement pour la cage, des réveils fréquents, des longs voyages ou, dans le cas des hamsters nains, des compagnons inappropriés. Malheureusement, un hamster bénéficiant des meilleurs soins peut aussi tomber malade. Il doit alors être impérativement soigné dans les règles de l'art.

Consulter le vétérinaire

Fondamentalement, il est toujours préférable de consulter un vétérinaire, car le risque d'un mauvais diagnostic ou d'une intoxication par des médicaments pour humains est trop grand. Beaucoup de gens hésitent à se rendre chez le vétérinaire à cause du coût. Oui, les coûts de traitement dépassent le prix d'achat de l'animal, mais c'est aussi le cas de sa nourriture mensuelle. Pourtant, il ne viendrait à l'idée de personne de laisser son protégé mourir de faim !

▸ **Emportez** le hamster dans sa boîte de transport et protégez-le des courants d'air, du froid, de la chaleur et de l'humidité pendant le trajet.

▸ **Prenez** rendez-vous ou, en cas d'urgence, annoncez-vous par téléphone pour vous épargner une attente ou des trajets inutiles.

▸ **Donnez** au vétérinaire toutes les informations utiles sur l'animal, son âge, son alimentation, ses conditions de vie, sa cage et sur d'éventuels compagnons pour les hamsters nains.

Surveiller la santé de votre hamster
Chaque jour, observez attentivement votre hamster afin de dépister rapidement d'éventuels changements (ci-contre).
Pesez-le une fois par semaine et notez son poids ; ainsi, vous remarquerez rapidement des variations préoccupantes.
Vérifiez régulièrement que les incisives s'usent suffisamment. Celles du bas doivent être trois fois plus longues que celles du haut. Pour le voir facilement, tenez une friandise au-dessus de lui. En s'étirant, il vous montrera ses incisives.
Les dents doivent être jaunes ! Des dents blanches sont le signe d'une carence.
Chez les femelles, un écoulement vaginal pendant la période de rut ne doit pas vous inquiéter.
Chez les mâles, des taches sombres et parfois humides sur les flancs sont inoffensives. Il s'agit de glandes odorantes, qui ressemblent à des verrues chez les vieux mâles.

Chez ce mâle, on distingue bien les glandes latérales sous la forme d'une petite tache sombre au-dessus de la cuisse.

Décrivez précisément les symptômes.

▸ **Interrogez** le vétérinaire quand vous ne comprenez pas quelque chose, c'est important pour la poursuite du traitement.

Symptômes de maladie

Montrez votre hamster au vétérinaire quand son aspect ou son comportement sont inhabituels.

Des écoulements des yeux ou du nez, un refus de se nourrir ou des bruits de respiration inhabituels, comme la toux, doivent vous alerter. Il en va de même si l'animal néglige son pelage, se gratte particulièrement souvent ou si son pelage présente des surfaces glabres, rougies ou encroûtées. Croûtes aux yeux, aux oreilles ou au nez, humidité ou excréments collés à son arrière-train, gonflements sous la peau, crottes souillées ou liquides et sang dans les urines sont préoccupants, de même que des mouvements ou une apathie inhabituels, ou une agressivité soudaine.

À SAVOIR

Rafraîchir l'atmosphère

Au plus fort de l'été, les hamsters souffrent aussi de la chaleur et les testicules des mâles gonflent beaucoup.

Surtout, n'ouvrez pas toutes les fenêtres pour rafraîchir l'atmosphère ! Les courants d'air sont dangereux.

Un carreau de carrelage sur la litière assure le rafraîchissement de la cage. Un bac à eau posé sur la cage a le même effet, car l'air qu'il refroidit tombe vers le bas.

Maladies infectieuses et parasites

Diarrhée

La diarrhée peut avoir de nombreuses causes. En général, une maladie bactérienne, virale ou due à des protozoaires se déclare quand l'animal est déjà affaibli par des conditions de vie défavorables, comme une alimentation incorrecte, une litière sale ou une parasitose. Si vous constatez des crottes informes et poisseuses mais que son comportement est normal, supprimez aussitôt les aliments frais. Donnez-lui du thé noir léger ou de la tisane de camomille (sans sucre !), du pain croustillant et des flocons d'avoine. Si aucune amélioration ne se produit au bout de 24 heures, l'infection est sérieuse et l'animal doit être vu par un vétérinaire.

Dite « aaah » : un hamster malade doit voir un vétérinaire au plus vite.

Coryza

Les symptômes sont une respiration clairement audible, des éternuements fréquents et des yeux légèrement collés. Les causes peuvent être de l'humidité dans la cage, des courants d'air et des variations brutales de température et l'infection résultante. Éliminez ces facteurs et placez la cage dans un endroit à 23-25 °C. Sans amélioration après 24 heures, consultez un vétérinaire spécialisé ou une clinique, car les refroidissements entraînent rapidement des pneumonies mortelles.

CML

La CML ou méningite chorioleuphocytaire ne touche que les hamsters de moins de trois mois, mais beaucoup sont concernés. Cette maladie aux symptômes discrets est transmissible à l'homme. Normalement inoffensive, elle est dangereuse pour le fœtus. Les femmes enceintes doivent donc éviter tout contact avec des hamsters de moins de trois mois.

Parasites

Bien que les rongeurs soient connus pour transmettre de nombreuses maladies et parasites, les rongeurs élevés de la main de l'homme en sont étonnamment peu affectés. Les acariens ne peuvent être détectés que par une biopsie de la peau. Ils peuvent provoquer

Une roue, sécurisée, permet aux hamsters de garder la forme.

la chute des poils et l'apparition de plaques encroûtées, écailleuses avec de fortes démangeaisons. La teigne cause des symptômes similaires. Seul un vétérinaire peut diagnostiquer les maladies parasitaires et la teigne et les traiter correctement. En cas d'attaque parasitaire ou de teigne, l'hygiène de la cage est primordiale. Remplacez les objets en bois et, suivant les conseils du vétérinaire, désinfectez le bac à litière, les barreaux ainsi que les accessoires. La teigne est transmissible à l'homme. Les enfants qui s'occupent de leur hamster sont particulièrement exposés. Se laver les mains ne suffit hélas pas : il faut les laver avec un désinfectant après chaque contact avec l'animal. N'achetez votre hamster que chez un vendeur sérieux, afin que la prévention soit garantie. Voyez si vous pouvez encore améliorer les conditions de vie de vorte hamster.

Chéilite

Les croûtes sur le museau des hamsters résultent généralement de carences dues à une alimentation trop monotone. Des bactéries ou des champignons s'installent alors sur le museau. En cas d'attaque importante, la chéilite peut envahir toute la tête. Après le traitement vétérinaire, il faut modifier l'alimentation du hamster, de manière progressive pour éviter les diarrhées.

Les autres maladies

Blessures

Les petites blessures et morsures guérissent en général très rapidement et sans problème. L'animal stimule la guérison en se léchant régulièrement. Une désinfection ou les soins que nous pouvons leur prodiguer apportent rarement une amélioration. Quand un hamster tombe d'une grande hauteur, il arrive, même en l'absence de blessure mortelle, qu'il reste immobile, comme mort – c'est le choc provoqué par la chute. Reposez-le dans sa cage et tenez-le au chaud. S'il ne se relève pas rapidement, ou s'il présente des mouvements anormaux susceptibles de trahir des fractures ou autres lésions internes, emmenez-le chez le vétérinaire.

Une agressivité plus marquée est souvent la conséquence d'un stress permanent.

Boursouflures

Des enflures, des boules et des boursouflures, nettement sensibles ou visibles, se forment parfois. Si le renflement grossit très vite, il s'agit peut-être d'un abcès, qui finira par percer de lui-même au bout de quelque temps. Les abcès sont souvent causés par de petites blessures que le hamster ne parvient pas à lécher. Outre la visite au vétérinaire, on peut aussi faire des applications ou des aspersions répétées de tisane de mauve et de camomille. Une boule qui grossit lentement, notamment chez un

Les hamsters en bonne santé sont actifs et curieux.

animal âgé, est certainement une tumeur maligne. Le vétérinaire décidera si une opération vaut la peine, ce qui est souvent le cas.

Occlusions dentaires

Elles résultent principalement d'une usure insuffisante des incisives, qui grandissent sans arrêt. La cause réside dans un manque d'aliments coriaces ou dans une déformation de la mâchoire. C'est au vétérinaire de la rechercher. Malheureusement, une déformation est incurable : les incisives doivent être régulièrement coupées (par le vétérinaire) ou le hamster doit être euthanasié, car des incisives trop longues gênent, voire empêchent la prise de nourriture. Les incisives peuvent aussi se casser de temps à autre. Avec un ajout de minéraux en mélange, elles repoussent rapidement.

Problèmes aux abajoues

Il s'agit le plus souvent d'inflammations ou de "bourrages", dus à un excès de sucre, à une infection ou à des blessures, survenant par exemple quand le hamster s'engage dans une ouverture trop étroite et qu'une graine pointue se plante dans la muqueuse de l'abajoue. Le hamster ne parvient alors plus à vider tout ou partie de ses abajoues. Ne pouvant plus manger, il perd du poids. Souvent, on détecte ces problèmes à une salivation excessive ou au grincement des dents. L'animal doit être rapidement ausculté et traité par le vétérinaire.

Problèmes de dos

Quand un hamster court dans une roue trop petite, sa colonne vertébrale est recourbée vers le haut, entraînant des problèmes de disques vertébraux. Seules les roues assez grandes sont à utiliser (page 28).

Ce que vous pouvez faire

Quand votre hamster est malade, laissez le vétérinaire décider du traitement – il est le mieux placé pour savoir que faire. Suivez consciencieusement son ordonnance et ses instructions. N'arrêtez jamais les médicaments plus tôt qu'indiqué, au risque d'une rechute ou de l'apparition d'une résistance qui compliquera le traitement ultérieur. N'augmentez pas non plus la dose prescrite : l'excès est souvent nuisible !

Des soins attentionnés

En complément des mesures prescrites par le vétérinaire, vous pouvez aider votre malade. Parlez-en d'abord avec le vétérinaire afin de vous assurer que cela ne nuira pas à l'animal.

▸ **Les infrarouges** peuvent être bénéfiques en cas de coryza, parfois aussi en cas de diarrhée. À l'aide d'une lampe chauffante à infrarouges, que l'on trouve dans les magasins d'électroménager, éclairez une moitié seulement de la cage, afin que le hamster puisse se réfugier dans l'autre s'il a trop chaud. Placez votre main sur la surface éclairée : la chaleur doit être agréable et ne doit pas vous brûler.
Les infrarouges sont toutefois contre-indiqués si vous suspectez une commotion cérébrale, car la chaleur aggraverait l'état du hamster.

▸ **En cas de coryza**, des inhalations de camomille peuvent avoir un effet bénéfique. Placez une coupelle contenant de l'infusion de camomille à côté de la cage, et recouvrez d'une serviette la moitié opposée de celle-ci. N'utilisez jamais d'huiles essentielles, qui peuvent nuire à la santé du hamster !

▸ **En cas de problèmes dentaires**, la nourriture doit parfois être administrée sous forme de bouillies. Il suffit souvent de moudre

Savoir donner les médicaments
Si le hamster refuse son médicament, essayez de le lui proposer dans une cuillère, mélangé avec de la compote ou du jus de fruit sans sucre.
Les médicaments écrasés finement et les gouttes sont généralement acceptés sans problème quand on les mélange avec du fromage blanc ou du yaourt.
Les cachets sont faciles à broyer dans un mortier en céramique ou entre deux cuillères à soupe.
Si le hamster ne veut rien savoir, mélangez le cachet écrasé ou les gouttes avec du liquide et injectez cette bouillie dans son museau à l'aide d'une seringue sans aiguille. Agissez avec prudence, pour ne pas l'étouffer !
Mélanger les médicaments dans l'eau de boisson est déconseillé, car vous ignorez quelle dose le hamster ingérera.

Le jeune hamster est actif et jouit d'une santé excellente. Vieux, il est plus lent et a besoin de se reposer davantage.

finement les aliments et de les mélanger à de la tisane de camomille. Si le hamster ne mange pas, injectez la bouillie dans sa bouche à l'aide d'une seringue sans aiguille. Attention à ne pas l'étouffer !

Le vieux hamster

Les hamsters montrent des signes de vieillissement à partir de 2 ans ou 2 ans et demi, plus tôt chez les hamsters nains. Ils dorment plus longtemps, mangent moins et se meuvent pesamment. Le pelage s'ébouriffe, souvent l'animal perd du poids. Il faut le laisser dans son environnement habituel, le sortir moins souvent de sa cage et ne plus changer les accessoires. En cas de problème de santé, faites-le ausculter par le vétérinaire, des soins sont en général encore possibles. Sinon, et s'il souffre, il faudra l'euthanasier.

À SAVOIR

Du calme !

L'excitation et le stress retardent ou empêchent la guérison.
Le calme doit régner autour du malade. L'agitation et le bruit sont à éviter.
En groupe (hamsters nains), le malade est souvent harcelé par les autres. Il vaut mieux les séparer, ce qui évitera aussi tout risque de contagion. Mais il sera très difficile de les remettre ensemble par la suite.

Les petits

Regarder grandir de jeunes hamsters procure une grande joie. Si vous souhaitez que vos hamsters se reproduisent, informez-vous d'abord auprès d'un vétérinaire ou d'un éleveur.

Avant d'associer un mâle et une femelle dans le but de les reproduire, réfléchissez avec soin aux points suivants :

▸ Ne reproduisez vos hamsters que si vous avez assez de place pour tous les jeunes ou si vous avez trouvé des "parents adoptifs" dignes de confiance.

▸ La cohabitation est impossible chez les hamsters dorés et de Chine, et même si la paix semble régner, la présence constante d'un congénère génère du stress. Même chez les autres espèces naines, il arrive que des animaux ne se supportent pas. Il vous faut donc assez de place pour installer une seconde cage. Comme vous ne trouverez peut-être pas tout de suite un toit pour les jeunes, il faut aussi une troisième cage pour les héberger temporairement.

▸ Le besoin en protéines de la femelle augmente fortement pendant la gestation et l'allaitement. Veillez à des apports suffisants (page 38).

La mère bâtit un nid confortable, pour lequel il lui faut beaucoup de foin, de papier hygiénique et de mouchoirs en papier blancs.

Accouplement

Les hamsters qui ne supportent pas leurs congénères ne sont mis en leur présence que le temps de l'accouplement. Hors des chaleurs, les femelles sont généralement agressives envers leurs congénères.

▸ Sous contrôle hormonal, les chaleurs de la femelle se

produisent tous les 4 jours environ. À ce moment, beaucoup de hamsters dorés femelles ont un comportement différent. Elles sont moins sur la défensive et, quand on leur touche l'arrière-train ou le dos, elles relèvent la queue verticalement pour inviter le mâle à l'accouplement.

▸ **C'est toujours la femelle** qu'on met dans la cage du mâle, sous surveillance. Dans sa cage, le mâle s'affirme plus facilement. Si la femelle mord, séparez-les immédiatement, car le mâle risque d'être blessé mortellement. Faites l'essai tous les jours ; dès qu'elle ne mord plus, la pariade commence et, après le flairage réciproque des organes génitaux, les animaux s'accouplent à plusieurs reprises.

Les hamsters montrent très tôt des différences de tempérament.

À SAVOIR

Propreté

Nettoyez la cage à fond trois jours avant la date prévue de la mise bas.
Après la mise bas, n'effectuez que les tâches indispensables, afin de ne pas déranger la jeune famille et de ne pas stresser la mère.
Quand les jeunes auront quitté le nid et passeront beaucoup de temps à l'extérieur, vous pourrez procéder à un nettoyage complet de la cage.

Gestation

Avec une durée de 16 jours, la gestation des hamsters dorés est la plus courte des gestations de mammifères, avec les marsupiaux. Quelques jours avant la mise bas, la femelle commence à récolter des matériaux pour le nid et en tapisse son abri : mettez-en suffisamment à sa disposition. Les femelles jeunes et inexpérimentées, notamment, dévorent parfois leurs petits si on les dérange, c'est pourquoi il leur faut beaucoup de calme.

Petits hamsters deviennent grands

Les jeunes hamsters grandissent et se développent à une vitesse étonnante. Un mois suffit pour que les nouveau-nés minuscules deviennent des adultes autonomes, capables de se reproduire à leur tour.

La plupart des bébés hamsters naissent pendant la phase de repos naturelle de la mère, c'est-à-dire le jour. Ils naissent l'un après l'autre et sont allaités immédiatement après avoir été léchés et nettoyés par la mère. En cas de problème, appelez aussitôt le vétérinaire. Dès ce moment, le père n'est plus toléré à proximité, sauf chez certains hamsters nains, qui tolèrent aussi les jeunes près d'eux plus longtemps que les hamsters dorés. Ainsi, certains campbells mâles aident au moment de la naissance et aussi après. Après la mise bas, la mère peut se montrer agressive même à l'égard de son soigneur familier, car elle doit défendre ses petits – faisons preuve de compréhension.

▸ **Les propriétaires récents** de hamsters ont parfois le plaisir de profiter d'une portée sans l'avoir voulu. En effet, il arrive régulièrement qu'on achète une femelle gravide, les sexes n'ayant pas été élevés séparément. Si c'est le cas, demandez au vendeur de vous garantir qu'il reprendra les petits... mais peut-être leur trouverez-vous vous-même un foyer.

Les petits fugueurs sont rapportés au nid par la mère.

1 Juste nés

La mère a préparé un nid douillet. Les nouveau-nés sont nus, aveugles et sourds – ce sont des nidicoles typiques. Les premiers jours, les mamelles maternelles sont leur seul centre d'intérêt. Cinq jours environ après la naissance, on distingue le premier duvet. Au même âge, les petits commencent à grignoter les aliments que leur rapporte la mère.

2 Premières escapades

Quelques jours avant d'ouvrir les yeux, les petits quittent le nid pour la première fois, pour de brèves « explorations ». Selon leur nombre, ils commencent à percevoir leur environnement vers 11-14 jours. Ceux qui s'aventurent à l'extérieur sont rapportés au nid avec zèle par la mère. Les jeunes sont sevrés vers 3 semaines, un peu plus tôt si la portée est petite. À 25 jours, les jeunes hamsters sont entièrement indépendants et doivent être séparés de leur mère, car certaines deviennent agressives envers eux.

3 Autonomes

Une à deux semaines seulement après le sevrage, les jeunes hamsters sont sexuellement mûrs et les deux sexes doivent être hébergés séparément, car une grossesse précoce peut nuire à la croissance. À 5 ou 6 semaines, les petits sont assez vieux pour être donnés. Mais ce n'est qu'à 4 ou 6 mois que les hamsters dorés atteignent leur taille définitive.

Coin infos

Auteur et remerciements

▸ L'auteur :
Georg Gassner est biologiste, il s'est consacré intensément à l'élevage et à l'entretien des petits rongeurs exotiques.

▸ L'éditeur, la photographe et l'auteur remercient
Martina Gronau et Kalli + Toni, Hannes Kuhn et Lilli + Krümel, Sally Matern de Hochdorf, l'animalerie Utke à Oberesslingen, l'animalerie Kölle de Stuttgart, le zoo Porsche à Stuttgart.

Crédit photographique

▸ **Toutes les photos (intérieur et couverture)** sont de Regina Kuhn.

L'édition originale de ce titre a été publiée en allemand sous le titre « Hamster »,

Traduit de l'allemand par : Pierre Bertrand.

8, rue Blanche
75009 Paris
Tél. : 01 48 05 03 03
Fax : 01 48 05 02 04
Internet : www.editions-ulmer.fr

Réalisation : Chester Roc
Impression et reliure : Alcione, Trento
Printed in Italy

ISBN 978-2-84138-374-0

N° d'édition : 374-01

Responsabilité

L'auteur et l'éditeur se sont efforcés d'apporter les informations les plus fiables possibles. Des erreurs ne peuvent toutefois être totalement exclues. Aucune garantie quant à l'exactitude des informations ne peut donc être donnée. Leur responsabilité pour les dommages éventuels qui pourraient en résulter ne pourra être juridiquement invoquée.

Index

Pour en savoir plus :

Les hamsters

de Heike Schmidt-Roger
dans la collection "Animaux de compagnie"

Un livre qui vous fournit encore plus d'informations utiles et de conseils pratiques pour bien soigner votre hamster.
96 pages, 14,95 €

ZOOM

Trucs et astuces pour enfants futés

Super hamster

Les hamsters ne sont peut-être pas des animaux à câliner, mais tu peux quand même vivre de bons moments avec eux.

Ton hamster sera plus heureux si tu lui construis des accessoires excitants et variés pour sa grande cage. Si tu aimes la poterie, tu peux lui fabriquer de supers tubes et maisonnettes, par exemple. Mais, attention, les trous d'entrée doivent être assez grands pour livrer passage à un hamster aux abajoues pleines (page 28). Pour les maisonnettes, perce un petit trou sur le dessus afin que l'air se renouvelle facilement.